Al museo de los niños

Julie Murray

Abdo Kids Junior es una
subdivisión de Abdo Kids
abdobooks.com

abdobooks.com

Published by Abdo Kids, a division of ABDO, P.O. Box 398166, Minneapolis, Minnesota 55439. Copyright © 2022 by Abdo Consulting Group, Inc. International copyrights reserved in all countries. No part of this book may be reproduced in any form without written permission from the publisher. Abdo Kids Junior™ is a trademark and logo of Abdo Kids.

Printed in the United States of America, North Mankato, Minnesota.

052021

092021

 THIS BOOK CONTAINS RECYCLED MATERIALS

Spanish Translator: Maria Puchol

Photo Credits: Getty Images, iStock, Media Bakery, Shutterstock, ©Bob Linsdell p.11 / CC BY 2.0, ©User:mliu92 p.22 / CC BY-SA 2.0

Production Contributors: Teddy Borth, Jennie Forsberg, Grace Hansen

Design Contributors: Christina Doffing, Candice Keimig, Dorothy Toth

Library of Congress Control Number: 2020930755

Publisher's Cataloging-in-Publication Data

Names: Murray, Julie, author.

Title: Al museo de los niños/ by Julie Murray

Other title: Children's Museum. Spanish

Description: Minneapolis, Minnesota: Abdo Kids, 2022. | Series: Excursiones con la escuela | Includes online resources and index.

Identifiers: ISBN 9781098204129 (lib.bdg.) | ISBN 9781098205102 (ebook)

Subjects: LCSH: Children's museums--Juvenile literature. | Museums--Juvenile literature. | Interactive art--Juvenile literature. | School field trips--Juvenile literature. | Spanish language materials--Juvenile literature.

Classification: DDC 371.384--dc23

Contenido

El museo
de los niños 4

Actividades en el
museo de los niños . .22

Glosario 23

Índice 24

Código Abdo Kids . . .24

El museo de los niños

¡Es día de excursión! La clase va a visitar el **museo** de los niños.

Es un lugar donde los niños pueden jugar. Pueden **explorar**. Pueden aprender.

Kay juega con los bloques.

Construye una torre.

Sam pone agua en el recipiente.

Observa cómo da vueltas.

Laura hace una gran burbuja.

¡La burbuja estalla!

Ray usa pintura para pintar un árbol.

Sue observa la hoja.

Usa un **microscopio**.

Lain juega en la tienda.

Está comprando comida.

¿Has visitado alguna vez un **museo** para niños?

Actividades en el museo de los niños

construir

divertirse con agua

jugar en la tienda

pintar

Glosario

microscopio
aparato que usa una lente para poder observar objetos que no se perciben a simple vista.

explorar
aprender observando.

museo
edificio en el que se conservan y exponen objetos de interés.

Índice

agua 10

arte 14

bloques de construcción 8

burbujas 12

ciencia 10, 12, 16

hojas 16

ingeniería 8

jugar 18

pintar 14

¡Visita nuestra página **abdokids.com** y usa este código para tener acceso a juegos, manualidades, videos y mucho más!
Los recursos de internet están en inglés.

Usa este código Abdo Kids
FMK8732
¡o escanea este código QR!